AF257591

LA JUSTICE

QUE NOUS DEVONS AUX INDIGÈNES
DANS NOS COLONIES
ET CELLE QUE NOUS APPLIQUONS
AUX ANNAMITES

CONFÉRENCE

DE

M. L. BOURAYNE

Juge au Tribunal de Saigon

Ancien Elève de l'École Coloniale

Sous la Présidence de M. PAPON

Président de la Cour d'Appel de l'Indo-Chine

PARIS

A. PEDONE, Éditeur

13, Rue Soufflot, 13

—

1902

BIBLIOTHÈQUE NATIONALE — IMPRIMÉS

LK9 972

LK9 972

BIBLIOTHÈQUE NATIONALE
R. F.
IMPRIMÉS.

LA JUSTICE

QUE NOUS DEVONS AUX INDIGÈNES

CONFÉRENCE DU 15 MAI 1902

Par M. Louis Bourayne

DANS LE GRAND AMPHITHÉATRE DE L'ÉCOLE COLONIALE

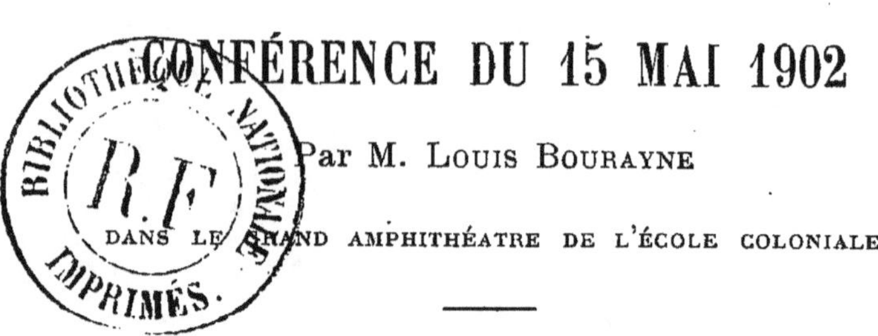

———

Monsieur le Président,
Mesdames et Messieurs,
Mes chers Camarades,

De nombreux conférenciers, venus d'au-delà des mers, vous ont déjà entretenus des peuples qu'ils ont visités, ou au milieu desquels ils ont vécu. Vous savez, notamment ce que sont ceux que la France protège ; on vous a parlé de leurs habitudes, de leurs mœurs, de leurs civilisations ; et vous aimeriez probablement qu'on vous racontât encore des scènes de leur vie, comme aussi des choses de cette existence que vous entrevoyez, vous particulièrement, mes chers camarades, qui êtes peut-être à la veille de vous embarquer pour ces pays au fonctionnement desquels vous comptez participer.

Cependant, permettez-moi de vous entretenir d'un sujet

sensiblement différent, mais qui, je l'espère, saura vous intéresser par les enseignements qu'il comporte. Je vais vous parler de la justice que nous devons aux peuples que nous avons placés sous notre protection et, d'une manière plus précise, de celle que nous appliquons aux Annamites.

Que je remercie d'abord les camarades qui m'ont fourni, par leur aimable invitation, l'occasion de traiter devant vous un pareil sujet. N'étant pas conférencier d'habitude, je devais du moins trouver dans celui-là l'assurance dont j'avais besoin ; et, en définitive, je suis heureux d'avoir accepté la proposition qu'ils m'ont faite.

A cette satisfaction, s'ajoute un grand bonheur pour moi, monsieur le Président, celui bien inespéré de parler ici de justice, à la droite d'un magistrat pour lequel, comme à tous mes collègues d'Indo-Chine, sa paternelle bienveillance me fait éprouver autant d'affection que sa haute situation m'inspire de respect. Vous avez bien voulu seconder mes efforts en acceptant de présider cette réunion. Veuillez agréer l'expression bien sincère de ma vive reconnaissance.

Messieurs, avant toutes choses, il est une vérité à proclamer : à savoir que si l'on conquiert les peuples par les armes, c'est par la justice qu'on les soumet. Mais, vous ne pensez pas, je suppose, que j'entends seulement dire cette justice qui est rendue par une certaine catégorie de fonctionnaires appelés magistrats. J'arriverai bien dans la suite à affirmer l'utilité de ce service particulier et les avantages qu'en retire l'influence française dans nos colonies où il fonctionne, et notamment dans notre belle Indo-Chine. Mais prenons d'abord l'idée qui nous occupe dans sa plus large acception, dans le sens de cette vertu morale qui est ou doit être en nous tous, et qui nous fait respecter les droits des autres. Eh bien! il est nécessaire que cette vertu se montre et s'affirme en face de l'indigène. L'Annamite, lui, est affamé de justice, et l'histoire de ce peuple est, sous ce rapport, un long plaidoyer en sa faveur.

Par conséquent, il n'est pas besoin que nous soyons tous des magistrats ; vous, aussi bien que moi, mes chers camarades, lorsque vous vous trouverez en présence de la race soumise, vous devrez, dans vos rapports avec elle, ne jamais laisser s'affaiblir votre amour du juste et de l'équitable. Tel est du moins l'espoir que je me permets de concevoir. Mais pour cela, il vous faudra, ayons le courage de le dire, éviter certaines inspirations qui vous conduiraient, si vous y obéissiez, à vous convaincre que l'indigène ne mérite aucun ménagement et n'est digne que de votre mépris. C'est une erreur grave que cela.

Certes il en est de mauvais entre tous ; mais combien d'entre ceux-là doivent leurs faiblesses ou leurs vices à ceux mêmes qu'ils ont servis. Ils se rencontrent d'ailleurs surtout là où ils sont le plus en contact avec nous. Il ne faut pas nous le dissimuler, en effet, — et je me souviens de l'avoir entendu enseigner sur les bancs de cette école, — l'indigène s'emparera plus facilement de nos défauts que de nos qualités. C'est donc à nous à leur donner l'exemple.

Les plus mauvais sont d'ailleurs susceptibles de s'amender. C'est ainsi que pendant les trois ans et demi qu'a duré mon dernier séjour au Tonkin, je me suis attaché des domestiques qui laissaient fort à désirer dans le début, mais envers lesquels, avec des apparences de sévérité, je me montrais toujours juste. Il faut beaucoup user de raisonnements avec eux. L'Annamite possède une précieuse qualité, son amour-propre ; c'est par ce côté qu'il faut le prendre.

Ceux que j'ai eus dans ma maison ont donc fini par s'habituer à moi, si bien que je me louais positivement de leurs services. Et quand j'ai dû quitter le Tonkin pour la Cochinchine où un nouveau poste m'était assigné, ils se sont offerts à me suivre, me rendant ainsi un service appréciable, tant on est heureux de conserver les serviteurs dont on est satisfait.

Le principe de justice doit donc présider aux rapports de l'Européen, fonctionnaire ou colon, avec l'indigène ; et ce qui est vrai du peuple annamite, l'est également de tous ceux sur lesquels nous avons étendu notre domination. Il y a à cela une raison politique et morale certaine. Il serait impolitique et immoral, à nous qui venons nous installer dans des pays occupés déjà par des gens jouissant souvent d'une certaine civilisation, de méconnaître les droits incontestables qu'ils ont. Leurs propriétés, leurs personnes, leurs mœurs, leurs lois dans ce qu'elles n'ont rien de suranné, doivent être par nous respectées. C'est à cette condition que nous nous ferons non seulement tolérer, mais encore aimer d'eux.

Il me semble qu'il suffit de formuler ces propositions pour prouver en même temps ce qu'elles ont pour but d'énoncer. Mais je sais que certains esprits, aux colonies, professent une doctrine toute différente, d'après laquelle l'indigène ne doit bénéficier d'aucun ménagement ; la discussion doit lui être interdite ; il lui faut toujours s'incliner et obéir, se sacrifier et s'anéantir même devant le maître qui doit avoir tous les droits. Avec un pareil système, toutes les garanties seraient pour l'Européen, l'indigène n'en aurait aucune. — Aussi de justice, peut-on parler ? « Comment ! quel prestige voulez-vous que « nous ayons, clame-t-on, si vous devez nous donner tort « vis-à-vis de l'indigène ! Jamais nous ne devrions com- « paraître en même temps que lui devant un juge ; ce « serait le mettre au même niveau que nous ! » Ou bien : « Puisqu'il y a des juges, ils devraient toujours nous don- « ner raison ; et pour cela il n'est pas nécessaire que nous « comparaissions en personne, ce qui serait pour nous « une déchéance; notre qualité d'Européens doit suffire. » C'est par application de ces principes qu'un certain nombre d'irréductibles refusent de répondre à la convocation, soit de l'administrateur, soit du juge, tous deux préoccupés du désir de concilier les parties. Et alors, que de malentendus, que de mécontentements souvent !

Mais ce prestige dont ils se font ainsi les défenseurs, ce n'est pas dans le bureau d'un administrateur ou à la barre d'un tribunal qu'ils le perdront jamais. Il existe entre leur manière de faire et l'indifférence ou le mépris de l'indigène pour eux une relation de cause à effet qu'ils n'aperçoivent pas. Ils ne se rendent pas compte que les griefs qu'ils peuvent avoir, procèdent de leurs propres fautes. Leur prestige serait donc bien mieux sauvegardé, s'ils réfléchissaient qu'il suffirait pour cela d'adopter une ligne de conduite différente, et s'ils renonçaient résolûment aux idées extravagantes qu'ils se sont faites à propos des devoirs des indigènes et de leurs droits à eux.

Autrement à quoi sont-ils obligés de prétendre ? L'autorité devra les protéger, en contraignant ou en châtiant les insoumis, sans avoir à rechercher, bien entendu, où est le bon droit.

Eh bien, Messieurs, chez les peuples que nous appelons barbares, et là où l'Européen n'a rien à redouter du fanatisme religieux de ses hôtes, c'est prouver que l'on est individuellement inapte à la colonisation que de réclamer le secours d'une force étrangère. Pour vous le démontrer, je pourrais me demander avec vous comment ont fait ces missionnaires chrétiens, cultivateurs autant qu'apôtres, que l'on rencontre en Indo-Chine, dès le xviii⁰ siècle, c'est-à-dire à une époque où il leur eût été difficile, en cas de mécomptes, de se réfugier sous la protection du drapeau national. S'ils finirent par être persécutés, ils ne le durent qu'à la tyrannie royale de Minh-Mang et de ses successeurs. — Je pourrais encore évoquer le souvenir de ces aventuriers hollandais qui, au dix-septième siècle, débarquèrent au cap de Bonne-Espérance au nombre de quelques centaines, et qui fondèrent successivement, au milieu de populations sauvages, quatre colonies dont la prospérité devait exciter les convoitises les plus tenaces. — Mais de nos jours mêmes, nous trouvons, dans une région isolée de l'Annam, des Européens dont la sagesse devrait servir d'exemple à de moins avisés. Là, vivait jusqu'ici un petit peuple qui, n'ayant jamais voulu reconnaître l'autorité de la Cour de Hué, s'est réfugié dans les montagnes pour y être indépendant et tranquille. Ce sont les Tsiams, généralement appelés aujourd'hui *Moi*, suivant une expression de la langue annamite qui signifie sauvage. Eh bien, ces sauvages sont actuellement en rapports avec quelques colons français, qui ont compris comment il fallait agir avec eux pour réussir dans leurs entreprises. Autrement dit, ils ont pour les *Moi* des procédés que ceux-ci savent reconnaître. Entre eux, la discussion est possible, et quand les prétentions de ces colons sont admissibles, les *Moi* prennent vis-à-vis d'eux des engagements qu'ils n'ont pas besoin d'écrire pour les tenir ; leur parole suffit. Mais aussi, gare à celui dont ils auraient à souffrir ; sa vie serait alors en danger.

Voilà, n'est-ce pas, un exemple qui prouve que ce n'est pas toujours l'indigène qui est insociable, et qu'on peut s'entendre avec lui. Mais il est peut-être vrai de dire que la sagesse des colons croît en raison de la crainte que leur inspire l'indépendance des populations auxquelles ils ont affaire. En vérité, celles dont l'endurance sera plus grande, qui admettront plus volontiers à côté d'elles des individus d'une autre race avec lesquels elles partageront les richesses de leur sol, en vérité ne méritent-elles pas mieux encore que les *Moi*, que l'on ait pour elles des égards ? Y a-t-il dans notre empire colonial un pays où l'indigène soit plus hospitalier que l'Annamite ? Je ne parle pas de l'hospitalité qu'ils pratiquent entre eux, de ce côté admirable de leurs mœurs qui les rend si intéressants déjà, et qui veut que personne ne meure de faim, qui exige que le malheureux ait son bol de riz chez son compatriote qui possède, ou qui fait que chacun parmi les plus aisés remettra de grand cœur aux chefs du village ce que ses moyens lui permettent de donner, afin d'alimenter une caisse de secours que nous pourrions très bien appeler caisse d'assistance publique. J'ai à la pensée cette hospitalité que l'étranger même, que l'Européen trouve chez l'Annamite. Ce ne sera plus alors à côté de ses hôtes qu'il s'assoiera ; ceux-ci ne l'oseraient jamais, même sur sa prière, tellement ils craindraient de lui manquer de respect. Par déférence, ils s'humilieront au contraire, et cette humilité est touchante.

Avec quel empressement, lorsqu'il arrive à un Européen de passer dans un village, qu'il soit en service ou qu'il fasse un voyage d'agrément, avec quel empressement, dis-je, les notables de l'endroit se mettront à sa disposition pour lui être utiles et agréables ! Ils lui demanderont respectueusement l'objet de sa visite, puis ils le conduiront à la maison commune où ils lui offriront de quoi se reposer ; ils lui apporteront à boire et à manger, s'il le désire, et quand il se retirera, ils le salueront poliment en lui disant qu'ils ont été heureux de le recevoir. J'ai eu, Messieurs, quand autrefois mes fonctions de juge instructeur m'appelaient hors du chef-lieu où j'exerçais, à constater par moi-même ce que je suis à vous dire de la touchante hospitalité des Annamites. Mais il faut évidemment savoir n'accepter que juste ce qu'il serait impossible de refuser.

Voilà le peuple au milieu duquel nous vivons en Indo-Chine. Ne mérite-t-il pas qu'on ait pour lui cette bienveillance et ces égards que j'ai déjà réclamés en sa faveur ? Nous faudrait-il ternir la réputation que notre France a malgré tout encore à ses yeux, puisqu'il l'appelle *dai quôc,* c'est-à-dire le noble royaume ?

Ne soyons pourtant pas trop pessimistes, ceux qui nous nuiront dans l'esprit des indigènes resteront une minorité, mais une minorité qu'il faudrait réduire le plus possible. Les idées deviendront plus généreuses au fur et à mesure que l'on comprendra le rôle que nous devons remplir aux colonies. C'est à cette condition que notre domination sera définitivement acceptée. L'histoire coloniale de l'Espagne est une leçon à retenir. Mais heureusement le rôle que la France se propose, surtout de nos jours, doit nous mettre à l'abri d'aussi cruelles déconvenues : il faut seulement que ses agents comprennent que plus d'un siècle s'est écoulé depuis l'époque où coloniser voulait dire que le peuple subjugué devait au besoin ou dans tous les cas disparaître devant l'envahisseur. La préoccupation de chacun doit être d'attirer à nous l'indigène, en nous faisant aimer de lui. C'est par la justice qu'on y arrivera.

L'Indo-Chine est peut-être la colonie où cette proposition se justifie le mieux. Vous savez sans doute combien de siècles le peuple annamite a passés dans les malheurs de la guerre civile, en même temps qu'il n'a cessé d'être, jusqu'à une époque toute récente, l'objet des convoitises des Chinois. A ces fléaux s'en ajoutait un autre : la piraterie, brigandage exercé tant par des Chinois venant de la frontière ou installés sur le territoire annamite, que par des Annamites mêmes qui, pour avoir été pillés de leurs biens, ne trouvaient le moyen de se récupérer que dans le pillage. Cette malheureuse existence, loin de la rechercher, les Annamites la subissaient sans pouvoir espérer qu'elle aurait un jour pris fin, lorsque nous sommes intervenus pour leur promettre la tranquillité dont ils avaient tant besoin. Sans doute, nous n'eûmes pas qu'à nous présenter pour être accueillis comme des libérateurs : les mandarins flibustiers qui les administraient comprirent facilement qu'ils n'allaient plus avoir beau jeu, et, sous prétexte de défendre leur roi, ils ne défendirent que leurs intérêts en ameutant contre nous leurs compatriotes. Mais n'oubliez pas que le peuple lui-même, s'il s'est montré dans le début perplexe, tant il avait — et si longtemps ! — souffert d'injustices, est fortement convaincu, à l'heure actuelle, qu'il nous doit la paix dont il jouit. Désormais, il est à peu près sûr que ce qu'il a planté, il le récoltera. Quoi de plus encourageant pour lui ? Son activité, de plus en plus secondée par la perspective du succès, augmentera progressivement la richesse du pays. Quand chacun est sûr de vivre, et de vivre aisément comme ces populations heureuses de n'être point affligées de nos besoins, alors la paix règne partout. — Elle règnera du moins, à la condition que chacun ait une part équitable dans les charges communes, et qu'en cas de préjudice subi du fait de son prochain, il puisse obtenir de lui réparation. L'Annamite, en effet, a l'amour du juste, et, comme là où croît le bonheur, croissent aussi les convoitises, il aura souvent à faire appel à notre justice. C'est qu'il ne ressemble pas à ces populations que l'on rencontre en Afrique, divisées en une infinité de petites principautés ou de tribus ayant l'âme éminemment guerrière, dont la raison d'être ne semble être que la guerre qu'elles se font et le brigandage qu'elles exercent. Il aime, au contraire, à vivre en paix. Aussi devons-nous prêter une oreille attentive à ses réclamations, lorsqu'il en fait, et nous appliquer à lui rendre la justice qu'il demande. Ses réclamations, en effet, seront souvent fondées. Un village constate-t-il, par exemple, qu'il paie un impôt égal ou supérieur à celui que paie le village voisin, comprenant pourtant un nombre d'inscrits supérieur ou possédant un territoire plus étendu et plus riche ; immédiatement, cela lui paraissant anormal, il s'adressera à l'autorité supérieure, afin qu'il soit fait entre tous une plus juste répartition des obligations communes. — J'ai eu parfois l'occasion d'avoir sous les yeux des requêtes de ce genre, non pas qu'elles m'aient été à tort adressées, ainsi que pourraient le supposer ceux d'entre vous qui seraient administrateurs en Indo-Chine (on est parfois jaloux de ses attributions) ; ce sont ces requêtes qu'on a l'habitude de donner en traduction à ceux qui, soit à Saigon, soit à Hanoi, suivent les cours de langue annamite ; c'est là que je les ai vues. — En en prenant une comme exemple, mon but était de vous démontrer que les Annamites tiennent à ce qu'il y ait entre eux une égalité parfaite de traitement. Je suis ainsi amené à vous dire encore que c'est toujours au nom de la justice qu'ils réclament. Toutes leurs requêtes se terminent, en effet, par un appel à la justice, tant ils en sont avides. Aussi est-il de notre devoir de la leur prodiguer, et il en résultera pour nous cette conséquence importante qu'ils nous en aimeront davantage.

D'ailleurs ce besoin de justice qu'ont les Annamites a pour résultat de faire d'eux de précieux auxiliaires pour nous autres, magistrats, dont la tâche est souvent bien

difficile. Celui qui aura été victime d'un acte que la loi
réprime, se chargera la plupart du temps d'en rechercher
lui-même l'auteur, s'il ne le connait déjà, afin de le dénon-
cer ensuite à la Justice. Les moyens dont il se sert pour
cela ne sont pas toujours ordinaires, et je piquerai votre
curiosité en vous disant que l'injure en est un généralement
infaillible. Oui, la victime d'un vol, par exemple, par-
courra son village en vociférant des injures à l'adresse de
son voleur. Elle rassemblera ainsi autour d'elle un certain
nombre de personnes qui lui serviront plus tard de
témoins, et les injures seront telles, que le coupable, s'il
est présent, ému de l'opprobre dont il est couvert, se
trahira maladroitement par ses réponses, qu'il accompa-
gnera parfois de violences contre son insulteur. Il se sen-
tira profondément blessé quand on dira, par exemple, que
ses enfants à naître auront à coup sûr des têtes de chiens
ou de cochons. Mais ce sont là des prédictions bien dou-
ces auprès de celles que la décence ne me permet pas de
vous dire. Les femmes surtout excellent dans ce genre
d'investigation.

Mais pour retrouver celui qui lui a porté préjudice,
l'annamite fera souvent des recherches fort minutieuses ;
il se déplacera, ira bien loin même, et ses efforts seront,
la plupart du temps, couronnés de succès. Dans cet ordre
d'idées, je ne puis m'empêcher de vous raconter un fait
qui s'est passé à Hanoi et qui vient merveilleusement à
l'appui de ce que je suis à dire. Deux indigènes étaient ac-

cusés d'avoir commis au préjudice d'un sergent français un vol avec effraction. Les soupçons se portaient d'autant mieux sur eux qu'ils avaient été au service de la victime, qu'ils connaissaient par conséquent ses habitudes et savaient notamment l'endroit où d'ordinaire elle plaçait son argent. Devant la cour criminelle, où ils continuaient, d'ailleurs comme à l'instruction, de protester de leur innocence, leur culpabilité ne parut pas suffisamment établie, et ils furent acquittés. Aussitôt ils jurèrent de retrouver les véritables auteurs du vol pour lequel ils avaient fait de la prison préventive. Quelque temps après, en effet, ils se présentaient au commissariat de police avec deux autres indigènes qu'ils avaient fait arrêter, et ils s'étaient enquis contre eux de tels renseignements que ceux-ci durent avouer leur crime, et furent alors condamnés.

Vous ai-je suffisamment prouvé par ce que je vous ai fait connaître de l'Annamite, qu'il est un peuple intéressant ? On a dit de lui qu'il était enfant. On pourrait aussi bien dire qu'il est bon enfant. Il serait à désirer certes que toutes les populations auxquelles nous avons affaire dans nos colonies, lui ressemblassent. En Cochinchine, la pacification date déjà d'assez longtemps ; en Annam, elle est complète ; au Tonkin, elle est presque un fait accompli. Je veux dire que si, en fait, les rébellions ont cessé, si la grande majorité de la population ne demande qu'à travailler et à vivre heureuse à l'abri de notre drapeau,

il doit encore entrer dans nos préoccupations de veiller à
ce que sa soumission soit définitive, et cela par le moyen
d'une équitable distribution de la justice qu'elle attend
de nous.

Chassez de vous, si vous l'avez, la pensée que je fais
allusion à l'administration de la colonie. Elle est confiée
à des hommes qui ont certainement le souci de la tâche
que la France s'est imposée en Indo-Chine. Et pour tout
dire, la tranquillité n'a jamais mieux régné au Tonkin
que depuis l'établissement des impôts contre lesquels on
a tant dit dans ces dernières années. Donc, s'il serait osé
de prétendre que les impôts ont le don d'apaiser les esprits, il doit être acquis pour nous qu'ils n'ont pas eu pour
effet en Indo-Chine de les soulever davantage. Par conséquent, la vérité est que l'indigène ne veut plus à aucun
prix de l'anarchie dont il a tant souffert autrefois, et ne
désire aujourd'hui que de vivre en bonne intelligence avec
nous. Alors ne faut-il pas que nous le comprenions à notre tour ? Nous assurerons sa soumission par la justice
que chacun de nous lui rendra.

Mais vous comprenez bien que tous nos compatriotes
aux colonies ne se font pas les mêmes idées de ce rôle
important que nous devons observer vis-à-vis des indigènes. Tous n'ont pas, du reste, la même culture d'esprit ;
il s'en faut même de beaucoup. Si la plupart, comme je
veux bien le croire, sont susceptibles de se perfectionner
par le raisonnement qu'on leur fera ou qu'ils se feront

BIBLIOTHÈQUE NATIONALE — R. F. — IMPRIMÉS.

à eux-mêmes, combien au contraire ne se rendront jamais compte que les déboires qu'ils éprouvent sont dûs à leur propre manière de faire, aux conceptions dans lesquelles ils s'enferment et s'obstinent! Il en résulte forcément pour eux un découragement, une irascibilité même, regrettable évidemment, redoutable souvent, et l'indigène n'y sera pour rien.

C'est donc alors que nous apparaîtra l'utilité de l'intervention, entre ces deux groupes d'individus dont l'accord ne se fait pas de lui-même, d'un intermédiaire dont le soin ordinaire sera de mettre toutes choses au point, ayant d'ailleurs assez d'autorité pour que ses décisions soient acceptées par toutes les parties, auquel on recourra parce que l'on saura que sa sentence sera rendue avec toutes les garanties d'indépendance et de loyauté désirables, à qui l'opprimé viendra demander sa protection, et devant le jugement duquel devra s'incliner l'oppresseur. Et voilà pourquoi, Messieurs, le fonctionnement de la justice régulière est si nécessaire à l'œuvre colonisatrice d'une grande nation, soucieuse comme l'est la France, de prouver à ses protégés qu'elle les protège réellement.

Alors, par qui sera rendue cette justice? La question est complexe. Mais avant d'en entreprendre le développement, il me paraît nécessaire de vous dire quelques mots de notre organisation judiciaire. Beaucoup, en effet, quand ils entendent prononcer le mot de justice, ne pensent qu'à la répression, et leur imagination leur fait entrevoir immédiatement l'apparat des cours d'assises. Puis ils estiment que ces solennités-là ne sont bonnes que chez nous, et voilà pourquoi, d'après eux, notre justice ne convient pas aux indigènes dans nos colonies. — Mais la justice n'a pas un sens aussi restreint. Elle comprend bien la justice répressive qui a pour but de punir les infractions à la loi pénale. C'est alors la Cour d'assises chargée en principe de la répression des crimes ; c'est ensuite le tribunal correctionnel généralement chargé de punir les délits ; c'est enfin le tribunal de simple police chargé de punir les contraventions, c'est-à-dire les infractions que la loi punit de peines légères consistant en général en une amende dont le maximum est de quinze francs, et exceptionnellement en un emprisonnement ne pouvant dépasser cinq jours.

Mais la justice remplit un autre rôle tout au moins aussi important et aussi délicat que celui de punir. Elle est encore chargée de trancher les contestations d'intérêts purement civils entre individus qui ne sont pas d'accord sur leurs obligations réciproques. Là, les procès ont un caractère tout différent : ils roulent sur des questions intéressant la fortune des personnes. Ce sera un créancier qui demandera jugement contre son débiteur récalcitrant. Ou bien deux individus se prétendent propriétaires d'un même terrain ; lequel des deux a raison ? — Vous voyez par ces exemples quel est le caractère des affaires entrant dans le domaine de la justice civile proprement dite.

Ceci dit, je reviens à la question posée : Par qui sera rendue la justice dans nos colonies ? Il ne peut y avoir de difficultés en ce qui concerne les différends entre Européens ; des juges français ont seuls qualité pour en connaître. — Mais quand les adversaires seront d'un côté des Européens et de l'autre des indigènes, ou bien quand il ne s'agira que de difficultés entre indigènes, quel sera le juge compétent ? La première partie de la question exige une distinction.

Ou bien, c'est l'indigène qui demande justice contre l'Européen. Il ne peut venir à l'idée de personne de soutenir que le juge indigène est indiqué dans la circonstance. Alors sera-ce le juge français ? Il n'a pas paru grotesque à quelques-uns, Messieurs, de prétendre que ce ne devrait être personne, parce que l'indigène ne doit rien réclamer contre l'Européen. Je vous ai déjà exposé cette théorie. Elle est en outre immorale au premier chef, et ne saurait manquer d'être dangereuse pour notre domination. Le seul juge indiqué sera le juge français, parce que seul il a qualité pour la défense des intérêts de nos nationaux quand ils seront mis en péril par des entreprises coupables de la part des indigènes, comme aussi parce que sa sentence est la seule qui puisse avoir quelque autorité vis-à-vis d'Européens à l'encontre desquels il sera disposé, dans son inébranlable impartialité, à rendre justice à l'indigène. C'est ce qu'ont invariablement décidé les décrets d'organisation de la justice dans nos possessions d'outre-mer.

Ou bien (seconde partie de notre question), c'est l'Européen qui a à réclamer contre l'indigène. Il en est qui voudraient pouvoir se faire justice eux-mêmes. Mais étant donné que ce système n'aboutirait qu'à des mécomptes graves tant pour ses partisans que pour notre domination, il faut faire un choix. Le pouvoir central a encore de tous temps décidé en faveur de la juridiction française, parce qu'autrement nos nationaux seraient à la merci des juges indigènes. Ceux-là l'oublient, qui contestent la sagesse de cette décision. Et s'ils étaient obligés, lorsqu'ils auraient à plaider contre un indigène, de renoncer à leurs statuts pour recourir aux lois d'un peuple qu'ils prétendent inférieur, n'y aurait-il pas là quelque chose d'humiliant pour eux ?

J'arrive enfin au cas où les parties sont de part et d'autre indigènes. Ici, la question semble plus grave. — La préoccupation du législateur, en Indo-Chine, a été d'abord de sauvegarder les intérêts des Européens, et c'est pour cela que, dès 1864, les tribunaux français font leur apparition en Cochinchine. Cependant, graduellement, petit à petit il est arrivé, dans cette même colonie, à supprimer complètement les tribunaux indigènes, de telle sorte qu'aujourd'hui les tribunaux français y ont plénitude de juridiction. Cette innovation importante n'a pas été sans soulever les critiques les plus violentes en même temps que les plus intéressées. Or, il faut vous dire que l'Annamite, quelque fonction qu'il remplisse, a un tel souci de la fortune qui le grandira aux yeux de ses compatriotes, que pour y atteindre il ne se laissera retenir par aucun scrupule. Aussi le juge indigène ne présentait-il pas toujours les garanties sur lesquelles les justiciables étaient en droit de compter. N'ayant que trop rarement une idée bien juste de son devoir, il obéissait à des inspirations auxquelles il ne cédait pas sans se départir de son impartialité.

Cet état de chose, quelque séculaire qu'il fût, devait appeler notre attention vers une réforme devant avoir pour nos sujets les plus heureuses conséquences. Voilà comment se justifie la suppression des tribunaux indigènes en Cochinchine, et comment elle se justifiera dans l'avenir sur tout le territoire indo-chinois, et notamment au Tonkin.

Là, la justice française ne fonctionne d'une façon à peu près complète que sur nos concessions de Hanoi et de Haiphong. Mais une heureuse innovation vient, de plus, d'être apportée par le décret du 1er novembre 1901 au fonctionnement de la justice indigène sur tout le territoire placé sous notre protectorat. Désormais, tous les appels des jugements des tribunaux indigènes sont portés, soit à la requête des parties, soit d'office par le procureur général, devant une commission d'appel siégeant à Hanoi et composée de trois conseillers à la cour d'appel et de deux mandarins annamites. Le pouvoir attribué à cette commission appartenait depuis 1897 au résident supérieur du

Tonkin, lequel avait lui-même succédé, comme juge d'appel des jugements des tribunaux indigènes, au vice-roi du Tonkin, supprimé par ordonnance du roi d'Annam.

Cette organisation nouvelle a fait qu'on s'est demandé une fois de plus pourquoi nous nous mêlons de rendre la justice aux Annamites, alors qu'ils ont possédé jusqu'ici des tribunaux réguliers. Messieurs, puisqu'il en est qui ne veulent pas comprendre que nous étendrons ainsi d'une façon plus certaine notre domination sur les peuples qui y sont soumis, et cela d'une façon générale, je pourrais me borner à leur répondre que nous n'avons fait au Tonkin que donner satisfaction à un désir mille fois exprimé par les Annamites eux-mêmes. Déjà, notre justice jouissait de la plus flatteuse considération auprès des indigènes. Toujours respectueusement soumis, sans contrainte d'aucune sorte, à ses arrêts, que de fois ils ont de plus déclaré à leur juge qu'ils étaient satisfaits et qu'ils s'inclinaient! Pour ma part, j'ai pu admirer de mon siège cette soumission née de la confiance des Annamites en notre justice. Quel juge indigène pourrait en dire autant, s'il n'a eu soin de s'armer au préalable d'instruments de supplice? Et cette confiance, déjà avant le décret du 1er novembre 1901, c'est-à-dire alors qu'une infime partie seulement de la population annamite, au Tonkin, était justiciable de nos tribunaux, cette confiance, dis-je, était telle, dans nos territoires concédés, qu'elle avait de proche en proche gagné ceux-là mêmes qui ne pouvaient utilement recourir à nous. Aussi que de requêtes nous venaient des provinces éloignées, auxquelles nous ne pouvions répondre à cause de notre incompétence ! Les injustices qui nous étaient exposées, les vicissitudes et les tribulations de ces malheureux qui nous imploraient, n'avaient donc que le résultat pratiquement insuffisant d'accroître nos regrets de ne pouvoir agir. Mais elles indiquaient en même temps la réforme à faire ; cette œuvre fut entreprise par le législateur de novembre 1901. A peine une dépêche de l'agence Havas nous eut-elle appris, Messieurs, la signature de ce décret permettant désormais, je le répète, aux Annamites de faire appel, devant des magistrats français, des jugements des tribunaux indigènes, que la nouvelle s'en répandit rapidement parmi ceux que cette innovation intéressait. Alors on vit accourir au greffe de la cour d'appel, à Hanoi, des indigènes heureux de pouvoir enfin recourir à notre justice. Et cela s'est produit alors que la nouvelle législation ne pouvait encore être appliquée, puisqu'il fallait attendre au moins que le décret fût parvenu dans la colonie et y fût publié. De sorte qu'on dut les inviter à revenir plus tard, s'ils le désiraient.

Voilà, messieurs, qui justifie amplement l'intervention de notre justice en Indo-Chine, et notamment en faveur des Annamites. Et cet empressement qu'ils montrent au Tonkin à venir nous la réclamer, s'explique comme en Cochinchine par les faiblesses du juge indigène.

Etant donné que le juge doit être Français, sera-t-il

choisi parmi les administrateurs ou parmi de véritables magistrats? La question a été, à une époque, passionnante en Cochinchine où les inspecteurs durent remettre à des magistrats de profession le droit de juger qui leur avait été d'abord conféré. La charge de rendre la justice ne peut être imposée, Messieurs, à des hommes déjà pourvus de fonctions administratives souvent trop étendues pour qu'ils puissent accorder à des fonctions judiciaires le temps et la patience qu'elles doivent exiger d'eux. En outre, il m'est bien permis de dire que leur bonne volonté ne remplacerait jamais cette expérience qu'assure la connaissance des lois à appliquer. Comme représentants de l'administration, ils peuvent de plus se trouver, dans certains procès, être à la fois parties et juges. Aussi de pareilles fonctions reviennent-elles plutôt à ceux qui, comme les magistrats, en ont fait leur profession.

Et croyez-vous qu'il soit si facile de juger? Si de simples particuliers peuvent se prononcer sur la responsabilité de leurs concitoyens pour des crimes qui les ont conduits devant la cour d'assises, que pourraient-ils bien faire s'ils avaient à statuer dans des affaires pour lesquelles non seulement la connaissance des lois à appliquer leur serait nécessaire, mais où ils se trouveraient encore en présence de difficultés presque inextricables, telles que nos lois de procédure en fournissent trop souvent l'occasion? Nous pourrions le demander à ces commerçants qui, à Saigon, à Hanoi et à Haiphong, ont tant désiré juger les affaires commerciales, que des tribunaux de commerce furent, il n'y a pas longtemps, institués dans ces trois villes. Déjà à Saigon ils n'en veulent plus, et je puis dire qu'au Tonkin, bien qu'ils ne soient pas encore allés jusque-là, leur enthousiasme a du moins diminué.

Aujourd'hui donc, il n'y a que des magistrats français qui rendent la justice en Cochinchine. Il en est de même à Hanoi et à Haiphong, sauf en ce qui concerne ces infractions légères que la loi appelle contraventions, lesquelles sont alors jugées par l'administrateur-maire, lorsqu'elles n'intéressent que les indigènes. Mais dans les provinces du Tonkin, comme du reste en Annam, les administrateurs sont encore chargés en premier ressort, ainsi qu'ils l'ont été autrefois en Cochinchine, de la justice entre Européens et indigènes. Cette organisation ne trouve sa raison d'être que dans ce que l'on ne peut pas raisonnablement installer des tribunaux réguliers dans des centres encore trop peu importants pour qu'ils y soient assurés d'un fonctionnement normal.

On nous reproche d'appliquer aux indigènes nos propres lois, alors qu'ils ont des lois ou des coutumes bien mieux appropriées à leurs caractères et à leurs mœurs. Cette affirmation n'est vraie qu'à demi. Nous leur appliquons généralement, en effet, notre code pénal, parce qu'il nous eût répugné de continuer à leur appliquer des peines que trouveraient excessives, s'ils les connaissaient bien, ceux-là mêmes qui en sont partisans. Ils s'attachent à cette idée que le rotin est indispensable à l'annamite ; mais le rotin n'est pas la seule peine qui soit dans la loi annamite. Les coups de bâton qui, d'après cette loi, n'étaient pas la peine la plus grave qui y fût écrite, équivalaient cependant à la peine de mort, et à une mort bien plus affreuse que celle produite par le sabre ou par la strangulation. De même, les châtiments prévus n'étaient pas toujours en rapport avec la faute commise. C'est ainsi qu'autrefois le vol d'un buffle était puni de mort. Il est bon de dire que le législateur annamite voyait dans cet animal l'instrument indispensable du cultivateur.

Nous avons donc apporté des modifications à cette législation, et cela avant même l'établissement de nos tribunaux en Indo-Chine.

J'ai dit que nous appliquions généralement notre code pénal aux Annamites. Toutefois la commission d'appel créée au Tonkin par le décret du 1er novembre 1901, continuera d'observer la loi pénale annamite appliquée en premier ressort par les tribunaux indigènes ; mais il est bon d'ajouter que le législateur français a eu soin de supprimer d'abord les peines corporelles.

Nous appliquons encore à nos justiciables Annamites notre code d'instruction criminelle, parce qu'il présente les garanties nécessaires pour que les instructions criminelles n'aboutissent pas constamment à des erreurs judiciaires. L'Annamite, prétend-on, ne dira jamais la vérité que sous l'effet de la torture. Comme ancien juge d'instruction, je suis autorisé à protester contre cette affirmation que l'Annamite ne dit jamais spontanément la vérité. Mais qu'on l'obtient par le moyen des supplices, voilà qui revêt bien le caractère d'une contre-vérité. Par les supplices, on obtiendra des innocents qu'ils se reconnaissent coupables, et des témoins mal informés des déclarations d'autant plus dangereuses qu'elles auront été la plupart du temps savamment imaginées par eux dans le but d'échapper à la souffrance. Ces aveux et ces témoignages peuvent-ils servir de base à une bonne justice ?

S'il est vrai que nous ne pouvons pas toujours comprendre l'indigène, parce qu'il n'a pas les mêmes mœurs que nous et que son âme est différente de la nôtre, nous trouvons du moins de précieux auxiliaires dans ses compatriotes mêmes, car à côté de ceux qui dissimulent, il en est qui tiennent à une bonne distribution de la justice.

Mais, si, en principe, nos lois pénales régissent les Annamites soumis à notre juridiction, il n'est pas vrai d'en dire autant de nos lois civiles, du moins en ce qui concerne les procès entre indigènes seulement. Ici, ce sont la loi et les coutumes annamites elles-mêmes qui servent de base à nos jugements. Voilà ce qu'on ignore. Les textes sont là pourtant ; tous les décrets d'organisation de la justice en Indo-Chine ont tenu à répéter le principe posé la première fois en 1864, à savoir que les indigènes restent soumis à leurs lois et coutumes. Il n'y a d'exception que quand ils sont en compétition avec des Français ou avec des étrangers assimilés aux Français. — La même règle est ou sera observée dans les autres colonies où fonctionne ou fonctionnera notre justice.

Enfin, on nous dira que nous sommes mal placés pour connaître la loi indigène. Mais cependant, nous sommes bien obligés de la connaître, et nous la connaissons. Il serait peut-être bon que nos tribunaux fussent, en matière indigène, assistés de deux notables au courant des us et coutumes de leur pays. Mais le mieux serait assurément que toutes ces lois ou coutumes, dont la connaissance, à cause des recherches souvent fort longues auxquelles on est obligé de se livrer, ne s'acquiert pour les nouveaux surtout qu'au fur et à mesure des besoins de juger, le mieux serait, dis-je, qu'elles fussent codifiées une fois pour toutes. L'étude en serait alors aisée, et la loi serait mieux comprise.

Vous avez vu, Messieurs, par ce que je vous ai dit au début de cet entretien, que nous n'avons qu'à gagner, tous tant que nous sommes, à être bons et justes pour les indigènes. Alors, soyez-en convaincus, ils nous en seront reconnaissants. — Quant à l'institution des tribunaux français dans nos colonies, loin de la regretter, il faut, au contraire, s'en féliciter. Ainsi que je l'ai laissé comprendre, quand elle sera faite surtout dans un but de protection pour eux, elle aura pour résultat de faire qu'ils nous aimeront. Il est donc à souhaiter qu'elle s'étende le plus possible. Mais alors, que la même justice soit pour tous les indigènes, sans distinction d'aucune sorte, je veux dire qu'ils soient civils ou militaires. J'en demande pardon aux défenseurs de la juridiction militaire, mais je le dis dans une pensée purement patriotique : il y a sur ce point des réformes à apporter, car, à côté des indigènes civils, si soumis à notre juridiction ordinaire, vivent dans un esprit d'indépendance inadmissible, des indigènes militaires trop jaloux de la différence de traitement dont ils sont l'objet.

Je n'ai plus qu'à vous remercier, Mesdames et Messieurs, de la bienveillante attention que vous m'avez prêtée. Pour avoir parlé devant vous de la justice que nous devons aux indigènes, je voudrais pouvoir me dire que j'ai utilement plaidé leur cause. C'est mon souhait le plus ardent.

LA ROCHELLE, IMPRIMERIE NOUVELLE NOEL TEXIER

137

www.ingramcontent.com/pod-product-compliance
Lightning Source LLC
Chambersburg PA
CBHW051323060726

47596CB00004B/1453